（宋）蘇轍　撰　傅增湘　校

傅增湘校本欒城集

第七册

國家圖書館出版社

第七册目録

卷三十　西掖告詞五十一首

卷三十一　西掖告詞四十九首

卷三十二　北門書詔五十四首

卷三十三　北門書詔祈祝九十首

欒城集卷之三十

宋眉山蘇轍子由著

明東吳　王執禮子敬　顧天敘禮初　仝校

西掖告詞五十一首

太皇太后三代

曾祖瓊魏王

勑朕祗事　東朝朝夕咨焉以從政乃者躬見上帝升侑　祖考克以眇躬率行盛禮思所以仰報於　慈訓謂莫如追寵其先人太皇太后曾祖某報蚤事章聖蔚爲名臣智勇冠時忠勤沒世歟

膺淵之沙李致柯奴之和動列鼎褻慶鍾任劬賦政帷幄澤被海
隅家傳異姓之王甚厭帶礪恩加千里之國昭示子孫其尚有知
服此休命可

曾祖母李氏燕國

勅朕嗣守　鴻圖初見上帝推衍天澤不吝海涯刻惟　文母之
家奮跡外戚之冠恩自近始寵無與倫　太皇太后曾祖母某氏
藐藻之儀敬而不擅衍攢之節動必以時作嬪大家肇錫餘慶宜
新湯沐之奉以追芼芍之榮苦微未存尚克享此可

曾祖母李氏韓國

勑和熹之慶兆自高密外奮武功中篤淳行閨門之風比隆儒者
維我　聖母鍾慶烈武積累之厚追配古人宜其室家並受光寵
太皇太后曾祖母某氏夙被女訓有鵲巢之風能使君子成無
疆之行德配圖史福流子孫肆予熙事之成宜錫大邦之寵服我
新命賁爾舊阡可

祖繼隆楚王

勑朕惟　祖宗功臣能父子相繼勳業不墜者惟曹氏高氏克顯
於世而皆篤生　聖女輔成　二宗之內治今予　神母實親庶
政均覆內外是用寵其先人以慰慈心　太皇太后祖某武力自

舊家聲益茂出擁旄節入董環衛與漢辛氏武賢慶忌唐李氏西平大涼較長挈大罔有慙德茲予大享於合宮思與懿戚共享其福大邦名城爾實宜之肇封荆楚以福爾後可

祖母康氏魯國

勑古之命婦貴從其夫維克有後則以其子矧予天下之母內極三世之尊可無追崇助我孝治　太皇太后祖母某氏育德名族作嬪大邦象服之盛配德於山河彤管之嚴比潔於圭璧比列荆河之壤追賚九泉徙封少昊之墟益彰異數追遠之厚予何吝焉可

祖母郭氏豫國

敕朕於舊勳之家無所不厚矧維坤德之重恩何以加內殫孝敬之深心庶幾慈仁之一喜比緣大賚思極追榮 太皇太后祖母某氏保傅不勤宗族稱善姑章安其能養子孫法之不忘茲用推惠澤於總章易隆名於大國漏泉之慶尚克享之可

祖母全氏秦國

敕朕篤於奉天禮極嚴父思其志意莫如念母之深寵其祖先俾有追封之典 太皇太后祖母某氏婦德成於早歲母儀著於當年宜其室家施及宗黨鳲鳩懷均一之性翬翟見委蛇之容沒而

不忘易舊封於西土傳之罔極告新命於宗祧可

父遵甫唐王

勑高密之仁其報在訓汾陽之功其報在曖維其子孫不能專其福實生聖女以母天下漢唐之盛曠無與倫　太皇太后甫魏王之孫而楚王之子也生而富貴動由禮義才甚高而不試德雖隱而自彰命之不融中道而殞祚我　神母實代天工厚德載於三朝貴名高於十亂仁民愛物每以生靈而爲心克己復禮深惡外家之太盛臨御期歲遂安四方和熹才有餘而德不充懿安福至厚而功不著欲報之德不知所從茲予祀帝於總章大霈

母李氏秦漢國

陞封南國以賁九泉庶乎有知服我新命可

禰母若曰四方一紀於是君臨百辟期年有成推迹本源安可忘

孝文慈祥實生大任作合英祖方其造舟以迎於渭教成而

先 太皇太后母某氏生於功臣之家緯有女士之德恭儉康退

心以知 聖母追遠之念用有爵已謂將成就其美莫切褒顯其

祔廟以四海之富爲 二宫之養猶朝夕歉然以爲未足揆于此

母曹氏吳國

麗恩於海甫追崇之典所不敢忘陞封吳都增寵家廟可

勑尊之而欲其貴愛之而欲其富聖人非私其親也情之所厚禮
有必然眷予外戚之小君蚤與唐國之內治恩寵之異中外莫先
太皇太后母某氏奕世贊衮生知法度鵲巢無愧於居室螽斯
自致於多賢愛均七子之仁養及中宮之貴迨此臨軒之日十
授几之辰化被族人貴震海內疏封二國蓋近世之罕聞壽耆百
年均本朝之多福可

皇太后三代

曾祖敏中申王

勑昔我　皇祖光宅天下求賢以自輔一時公相皆世之豪傑子

孫顯榮歷世不墜篤生淑女作配皇極究觀本源蓋非一日之積

也　皇太后曾祖某光大篤實貞漢相之風富貴壽考有天人之

福畫像原廟銘功太常方均慶於合宮宜易封於成國服我休命

祚爾後昆可

曾祖母宋氏魏國

勑朕親祀合宮仰以陟配昭考追文王之典俛以大賚臣工令

帝之福眷予　母族之重實居戚里之崇豈無異恩以廣慈令

皇太后曾祖母某氏靜而守禮存江漢之風動必有儀儼山河之

象德洽宗黨慶流子孫跡封有唐於今歷歲肇新畢萬之國以寵

向氏之祧可

曾祖母張氏魯國

勑昔向氏之祖位列丞弼世方平寧在位亚直有羔羊之風[illegible]委䖟本鵲巢之致積是懿德逮其曾孫嬪于有虞遂母天下[illegible]所被中外莫加　皇太后曾祖母某氏躬服孝慈動由禮義其歸[illegible]以百兩之衆其貴有六珈之儀壽雖止於中身慶實鍾於來裔推[illegible]予享帝之賚錫以保魯之封尚克有知服此休命可

曾祖母宋氏楚國

勑朕躬享昊天升侑　神考外推嚴父之敎內懷將母之誠厚撫

其家追王厥祖下迨閨幃之懿咸加封爵之崇躬孝帥民朕無所
愧　皇太后曾祖母某氏嚴於正家動必由禮柔蘩以共公侯之
事親柔以致袞冕之華藹然令猷克光來葉肇新封於荆楚告休
命於烝嘗尚克有知膺此異數可

曾祖母王氏陳國

勑朕尊尊以教敬親親以教愛非予戚里之舊孰能兼受斯[illegible]
皇太后曾祖母某氏毓德柔嘉執禮嚴靖服膺保傅之教究知[illegible]
妾之勤內無怨言家有餘慶循致坤元之福遂正母儀之尊方崇
祀於總章既大賚於寰海易爾句踐之國錫以太昊之墟恩寵有

加一永世無墜可

祖傅亮榮王

勑爵爲上公周制也王以異姓漢法也朕兼采周漢之舊以寵

賢之家國大亨之告成錫異恩而追遠 皇太后祖某故相之

生而顯榮躬蹈儒者之風行無世祿之過積累之厚下逮子孫奮

寵之優璽建邦邑因其奄受𫐐國之命寵以剏立南面之尊朕將

以慰母心爾亦世享廟祀可

祖母吳氏越國

勑申王諸子皆列貴仕榮國不耀中止郎官潛德之深其報在後

及孫而顯母儀天下德澤流衍室家光榮　皇太后祖母某氏珪璋之行著於族人蘋藻之恭宜於祖考貴始封邑恩錫有邦茲因總章之祀推廣隆祐之孝裂會稽之奧壤增湯沐之舊封尚克有知服我休命可

父經周王

勑申伯之德參於周召之間褚公之賢載於王謝之列恩非事戚里名自顯於搢紳今予外家庶幾前烈　皇太后父某絶世曹交友儒林休聲藹然多福自至卧淮陽之近輔表東海之雄清淨不煩得承流之要忠悃深至有入告之常壽止中身慶在

祐茲罔嚴父之祭起予念母之心大啟周南之封以慰宮中之

國有常典匪予所私可

母李氏豫國

勑　先皇帝刑于室家以御于天下非獨外有輔佐而中宮之

實與有勞煥乎四德之充豈惟一世之積　皇太后母某氏敦門

圖史服勞組紃肅雍娣姒之間祗敬姑章之奉誕生淑女之淵懿

不及君子之榮華初建長秋閔追榮之已遠繼開隆祐知餘慶之

方遐乃者熙事告成厖恩廣被肇錫荆河之國以新脂澤之田賁

於九原嘉此休命可

母張氏冀國

勑朕聞後庭以德進則外戚以福終周之任姒既克保其國而漢之薄竇亦能全其家至哉坤元實相內治宜爾外家之慶仰同帝室之休　皇太后母某氏性稟淑均德推靖慎因豫國治家之遺迹追慈徽毓德於妙年命之不融乃止中壽比緣崇祀啟湯沐之堯都錫以命書賁烝嘗於家廟漏泉之澤奕世不忘可

皇伯世儔贈奉國軍節度觀察留後追封奉化郡公

勑唐之藩君以留後爲重周之列國以諸公爲貴國朝兼用古外以待將帥之功內以優宗室之懿非此二者未嘗授焉具官

貴而能降富而不盈孝弟之美著於親黨儼恪之容見於朝會身不試遺範不忘寵加兩使之貳優以五等之貴魂而有知

休命可

越國賢惠長公主追封大長公主

勑王姬之貴而能執婦道以成肅雍之美朕嘗聞召南唐棣之

矣永惟 皇祖之慶篤生淑女之賢賦命不融中道而沒哀榮之典茲何敢忘故越國賢惠長公主夔寵宮庭生知禮義儀降王后有車服之崇德配君子稱室家之懿逮茲享帝之澤推予尊祖之誠大長之稱寵榮斯極追錫成命以賁九泉可

世緐贍安武軍留後追封信都郡公

勑留後之權均於元帥郡公之爵貴於諸侯國朝兼采周唐之舊官以爲親賢之異數愼終追遠斯極哀榮具官某生於富貴之中綽有縉紳之度行巳以禮好善不衰朕篤於合族之仁嘉爾終身之善錫之好爵胙以大邦仰增族黨之華俯爲窀穸之耀可

唐傥 蓬溪簿於瀘州隨軍部夫入界瘴死贈梓州錄參

勑具官某乃者師征瀘戎爾與在行瘴癘爲虐往而不返朝廷錄勤勞不遺細大特加督郵之贈以易賻布之禮孝子之請予忍違可

克賢贈奉國軍兩使留後封奉化郡公

勑生於富貴而成於禮義克自抑畏以沒其身不有寵榮何以

勸具官某宗藩稱孝朝廷所賢肅雍右衛之華捍禦遥州之寄

命不淑中道云亡匍匐之恩情何極已哀榮之典國有故常可

士覲贈左領軍衛將軍

勑具官某宗室之良生而不試沒而無述則爲善者何勸焉爾以孝

弟忠信紀於族黨贈之諸衛之秩以表平生之賢魂而有知嘉此

休命可

安燾三代妻

曾祖

勑朕方恭默思道垂拱責成乃者大享合宮陟配　聖考躬執珪幣敬逆神休奉璋峩峩皆先朝之舊降福簡簡告純嘏之豐朕弗敢專用廣其施具官某曾祖某懷抱美志浮沉人間孝弟篤於父兄忠信驗於朋友天道不諂報在子孫人爵自高寵極師保朕命不替世世賴之可

曾祖母

勑朕嚴父配天以教天下之孝肆青及物以廣上帝之仁顧予左右丞弼之良咸有肅雝顯相之助旣寵榮其祖禰復追賚其室家

具官某曾祖母某氏蘋蘩之儀敬而不瀆珩璜之節動必以時休

聲藹然後世追誦宜錫召公之祉以寵安氏之祧尚克有知服我

休命可

祖

勑天之於人無德不報凡今卿士大夫有立於朝尊寵於世者皆

其先人積累之厚玆朕旣奉　神考以配上帝尊親之極誠禮兼

盡思與羣公推廣斯義以致其孝具官某祖某才甚長而不試德

久晦而自彰身雖屈於當年善終表於來世三師極品焜耀縉紳

之間九原有知寵綏存歿之地可

祖母李氏

勑古之命婦貴從其夫惟克有後乃以其子矧予本兵之地實總幾事之煩乃者大享合宮相予肆祀義無不答禮有追崇具官某祖母李氏性本柔嘉行稱純絜婦德成於雍穆母儀備於慈仁胙以少昊之墟易其叔鐸之土服我休命宜爾後人可

祖母齊氏

勑古之命婦貴從其夫惟克有後乃以其子矧予本兵之地實幾事之煩乃者大享合宮相予肆祀義無不答禮有追崇具官某祖母齊氏恭順以惠女師慈儉以奉君子閨門從而有禮子孫賴

以多賢上蔡之封歷年於是大名之壤開國惟新寵以密章蕡爾
家廟可

父

勑士之修身行義不顯於國必顯於鄉黨故其乘時得志不在
身必在其子孫謂天難忱於事可考具官某父某樂於潛晦不求
聞知推□心以與人抱長才而不試安輿就養遍歷於方州西府
宴閑薦移於歲月錫之好爵以裕予心服我寵章益介眉壽可

母張氏

勑士大夫義隆於顯親恩深於念母追劬勞之罔極悼寵祿之無

施兹予歆祀於總章大霈寵恩於海縣思廣吾孝以即爾心具官
某母張氏靖而有禮勤於治家空傳四德之名不待千鍾之養寵
加異數以慰終天爵無異於生榮地莫加於韓樂服我休命子孫
不忘可

母王氏

勑朕惟左右之臣家有父母之養自公退食朝夕侍側以盡人
之願者方今一人而已總章之慶恩被遐遠封爵之厚予何愛
具官某母王氏居不忘敬行必由禮手治蘋藻躬執組紃老而不
衰足以爲法宜錫三秦之壤以爲一族之華壽考且寧祗服朕命

可

妻

勑朕初見上帝嚴配文考公卿駿奔來相熙事工祝致告均錫休朕不敢專思以逮下非獨身享其報亦使家被其榮具官某某氏少長名家輔佐吉士烝嘗之敬先祖是安膳服之宜宗族咸喜仁厚見於麟趾正直發於羔羊宜增湯沐之封益耀笄珈之寵服我新命宜爾家人可

李清臣三代妻

曾祖

勑朕方恭默思道垂拱責成乃者大享合宫陟配　聖考躬執珪

幣敬逆神休奉璋峩峩皆先朝之舊降福簡簡告純嘏之豐朕弗

敢專用廣其施具官某曾祖某迹晦鄉黨德如珪璋力行於方寸

之間責報於百年之後子孫之盛縉紳罕聞保傅之尊德義爲允

服我休命宜爾後昆可

曾祖母尹氏

勑朕嚴父配天以敎天下之孝肆眚及物以廣上帝之仁顧於左

右丞弼之良咸有肅雝顯相之助既寵榮其祖禰復追賚其室家

具官某曾祖母某氏及其良人咸有淳行孝敬稱於宗族福禄洽

其子孫策名儁科與我近輔肇啟伯禽之邑以爲家廟之華其尚

有知服寵無斁可

曾祖母周氏

勑朕嚴父配天以教天下之孝肆售及物以廣上帝之仁顧予左

右丞弼之良咸有肅雝顯相之助既寵榮其祖禰復追賚其室家

具官某曾祖母周氏珪璋之行著於族人蘋藻之恭竭於常禴眚

始封邑恩錫有邦肇從申伯之封段食潞子之國服我休命以賁

宗祧可

祖父

勑天之於人無德不報凡今卿士大夫有立於朝尊寵於世者皆其先人積累之厚茲朕既奉　神考以配上帝尊親之極誠禮兼盡思與羣公推廣斯義以致其孝具官某祖某修身正家而聲被於鄉黨居約履順而福流於子孫世有英才與聞大政寵列三師之貴祚隆十世之餘錫之閟章以賁幽隧可

祖母

勑古之命婦貴從其夫惟克有後乃以其子矧余中臺之轄實總萬機之煩乃者大享合宫相予肆祀義無不答禮有追崇具官某祖母某氏服勞紃組敦閱圖史祗敬姑章之奉肅雍娣姒之歡中

饋之儀風猷未替東國之贍寵數有加賜之密章賁爾廟祏可

父

勑士之修身行義不顯於國必顯於鄉黨故其乘時得志不在其身必在其子孫謂天難忱於事可攷具官某父某隱而不試久乃自彰孝弟隆於父兄忠信驗於朋友是亦爲政人無間言由其敎子之嚴爲我得臣之㓛比推恩於秋享增峻秩於師坦追賁九原尙克嘉此可

母

勑士大夫義隆於顯親恩深於念母追劬勞之罔極悼寵祿之無

施茲予毖祀於總章大霈麗恩於海縣思廣吾孝以慰爾心具官某母某氏山河之容江漢其行風被女訓有鵲巢之風能使君子成羔羊之德宜郎鄉邦之奧壤以爲封國之美名服我寵章祚爾後嗣可

妻

勑朕登用儁傑委任責成非獨厚以爵秩之華亦將盡其室家之願乃者躬祀帝考大賚臣工封國追於閨闥世祿通於子弟朕於卿士實無愛焉具官某妻某氏生於名儒之家綽有女士之德愛均諸子比鳴鳩之仁貴以良人備翬翟之服肇錫山河之廣寵增

湯沐之封宜其家人服我休命可

范純仁三代

曾祖

勑朕方恭默思道垂拱責成乃者大享合宮陟配　聖考躬執珪幣敬迓神休奉璋峩峩皆先朝之舊降福簡簡告純嘏之豐朕邦敢專用廣其施具官某曾祖某潛德不耀餘慶自彰仁義之報不及其身功名之實灼見於後極三師之貴旣錫於寵名慰九原之知肇建於成國可

曾祖母

勑朕嚴父配天以教天下之孝肆侑及物以廣上帝之仁顧予左
右丞弼之良咸有肅雝顯相之功既寵榮其祖禰復追賚其室家
具官某曾祖母某氏幽閑之中率禮不越其儉之素御家有常報
在子孫世篤功烈肇錫韓侯之邑以爲家廟之華其尚有加服寵
無斁可

祖

勑天之於人無德不報凡今卿士大夫有立於朝尊寵於世者皆
其先人積累之厚兹朕既奉　神考以配上帝尊親之極誠禮兼
盡思與羣公推廣斯義以致其孝具官某祖某種德之深稼而不

積發源之遠流則愈長偉哉元子之賢繼以諸孫之盛廟食之久

盍未可量鄉國之封肇新其舊可

祖母

勑古之命婦貴從其夫惟克有後乃以其子刱予本兵之要實總

幾事之煩乃者大享合宮相予肆祀義無不答禮有追崇具官某

祖母某氏徽柔靖恭信順慈孝天道不諂報在後昆人爵自高詎

以封國易宛丘之故地錫全楚之大邦尚克有知服我新命可

祖母

勑古之命婦貴從其夫惟克有後乃以其子刱余本兵之要實總

幾事之煩乃者大享合宮相予肆祀義無不答禮有追崇具官某
祖母某氏服勞組紃敬治蘋藻祇率祖考之舊循致子孫之賢中
饋之儀風猷未替西國之贈寵數有加賜之密章以嚴廟祀可

父

勑昔我　皇祖仁宗博求多士以綏靖四方天惟眷祐賚之正人
既以克和羌戎又以燮治區夏出入中外實兼文武之烈今予嗣
守丕業選任大吏亦拔西師以臨中偏匪伊異人惟父惟子得人
之盛朕無愧焉具官某父某秉德不貳好謀而成始任諫諍知無
不言中爲將帥靖而能勇卒以功業股肱先聖茲予懷想風烈曰

建爾仲子嘉其緇衣之德錫以召祖之命爲師保之貴旣無以加

故河漳之封益大其寵可

母

勑土大夫義隆於顯親恩深於念母追劬勞之罔極悼寵祿之無

施茲予㫖祀於總章大霈罷恩於海縣思廣吾孝以慰爾心具官

某母某氏山河之容江漢其行其君子正直有羔羊之德其後世

信厚有麟趾之風宜錫寵榮以慰存沒乃祖唐相實啟衛國之封

眷予樞臣願爲寵章之賵賁於幽壤尚克嘉之可

中丞劉摯父

勑朕臨照百官寄耳目於中執法乃者季秋大享駿奔在廷迄於
熙事之成緊其正色之助方均行於惠澤宜特先於庶工具官某
父某種德之深終身不顯教忠之篤沒世乃彰挺然可直之良美
哉有子之慶不有錫命孰知其賢宜加四品之崇以為九原之慰
可

欒城集卷之三十　終

欒城集卷之三十一

宋眉山蘇轍子由著　　明東吳王執禮子敬　顧天敘禮初仝校

西掖告詞四十九首

苗貴妃三代

曾祖

勑昔我　仁祖刑于室家以御於邦國下逮嬪御化其德風罔不賢淑迄兹三世猶有耆舊儀於六宮故其祖考日益尊顯　貴妃苗氏曾祖祚潛德不耀久而後彰至於曾孫寵託宮掖兹因大亮

祇率舊章命爲上公封以成國九原有知尚克嘉此可

曾祖母

勑天之報施昭然不誣世之顯榮皆有由始而况逌事　皇祖流澤私親夫豈偶然而至於是　貴妃苗氏曾祖母馮氏柔嘉之德見紀於族人慈儉之風有聞於後世乃眷曾孫之貴親承大享之休昜湯沐之舊封爲窀穸之新寵服我成命世世不忘可

祖

勑朕嗣守鴻圖初見上帝推衍天澤丕冒海隅矧惟　先朝舊人外家通貴恩自逌始宜無與先　貴妃苗氏祖仁恭隱約之中操

脩以禮被寵光於來裔知報施之不誣官爲上公已極人臣之貴
地分全楚復推列國之雄錫是閟章以賁幽壤可

祖母

勅朝廷寵綏臣庶褒顯其先惟有四輔之崇乃錫三世之命其於
禁掖殆無幾人 貴妃苗氏祖母袁氏容德之脩著於宗黨福祿
之盛及其子孫方予熙事之終胙以成國之賦賁爾廟祀世世保
之可

父

勅於赫 皇祖仁覆四方永懷弓劒之遺不忘簪履之舊而況隸

事左右今爲老成宜其尊親特被休寵　貴妃苗氏父某躬有懿行篤生淑人既壽且康允仁而信薦經元祀之慶舟極追崇之學肇錫大名以配隆爵密章之賜澤及九泉可

母

勑故舊不遺則民不偷矧吾三朝之人獨享百年之福眷爾近戚予何可忘　貴妃苗氏母裴氏徽柔靖恭幽閑肅敬行媲家人之美慶鍾女子之祥兹于大享之成肇易新封之寵漏泉之澤存没兼榮可

文臣升朝封父母妻

父

敕具官某父某朕祗祀總章陟配　神考予大夫犇走厥服咸與有勞推予嚴父之心爲爾顯親之慶錫命之寵壽考不忘可

母

敕具官某母某氏慈惠有以宜家肅敬可以教子乃者大享之禮百執咸事朕寵綏忠孝之心推本源流之自疏爾爵邑以榮子孫可

妻

敕具官某妻某氏士大夫出仕於朝能以恭儉正直成羔羊之美

必有淑女以治其私用能退食委蛇無內顧之慮朕方推帝澤於
天下其何愛一邑不以寵其家人可

文臣升朝追封父母妻

父

勅朕具官某父某合宫之享義存嚴父朕惟天下之士追養之誠
上下無間是用推予錫命之寵旌爾教忠之勤九原有知尚服休
命可

母

勅具官某母某氏生能正家沒有良子欲盡劬勞之報莫如爵命

之隆方大賚於總章宜肇新其湯沐服我休命世世不忘可

妻

勑具官某妻某氏恭事君子宜其家人勤勞則同而寵榮莫及存没之念終身惻焉方予慶賜之行肇加脂澤之奉賁於窀穸尚克嘉之可

范鎮父

勑士有歷事三世秉持一心志懷金石之堅言爲社稷之計耄期不亂淸靜無求訪之古人殆亦無幾朕既復命以位思見其人旋觀德業之崇知有源流之自具官某父某隱居閭巷名出搢紳以

孝弟爲傳家之資以詩書爲教子之實自修於方寸之內責報於百年之間子孫勃興冠冕相繼方予大享之慶錫以追崇之榮開府之儀比隆於三事涌泉之澤少慰於終天可

鮮于侁父母

父

勅朕既得直諒多聞之士而寘之禮樂之司擢之諫諍之列矣乃者總章大享來相於庭因予嚴父之心成爾顯親之願具官某父某懷抱美志博通古文上自河圖洛書下及天文地理無有不綜庶幾古人卷懷而歸以遺後嗣金章紫綬雖不及其平生密印閟

書示追榮於泉壤可

母

勑婦人之賢室家所賴上能使其君子有羔羊正直之行下能使其後世有麟趾信厚之風詩人所嘉於今猶信朕旣得其子以知其親具官某母趙氏江漢之行山河其容手執詩書親教子弟雖負米而養自有孝弟之歡而列鼎以祠莫盡劬勞之報宜易脂田之奉仍加褕翟之榮追賁九原以慰存沒可

陳曼父閏　曼任登州錄事父閏年九十一以敕封承務郎

勑具官某父某總章之慶凡通籍之士皆獲爵命其親朕惟子大

夫況於下僚家有耄期之養而寵榮不及念之惻焉錫爾一命以綏子孫之志可

錢𪗋父母

父

勑錢氏舉國內附俾吳越之人免兵革之亂子孫受封帶河礪山藏在盟府列其後世賢傑間出赫奕相望其於追崇安可復後具官某父某貫穿墳史練達典章博辯有文絕出倫輩父子兄弟進以直言譽喧一時望以卿相中道而隕報在後昆儼然侍從之選與我總章之祀寵之開府載是閟書九原有知服命無斁可

母

敕婦人之貴當從其夫禮變古今義均存沒肆予大享之慶俾極追封之榮具官某母某氏育德高門作嬪大族生知圖史之榮不煩保傅之箴餘慶在其子孫清風播於宗黨肇封成國光有翟衣錫此密章寵爾廟祏可

李璋三代

曾祖

敕昔我仁祖敦睦九族以和萬邦顧惟念母之深特厚外家之禮往事雖遠此恩未移具官李璋曾祖某懷抱美志浮沉人間孝

弟篤於父兄忠信驗於朋友天道不謟報在子孫人爵自高寵極

師保肆予大享之慶肇易三秦之封九泉有知服我休命可

祖

勑成王之母邑姜齊侯世受其祉宣王之母申后申伯亦賴其寵

矧我　皇祖之聖重以李氏之賢子孫相承冠冕日盛追崇之典

國有舊章具官李瑋祖某隱約之中操修以禮克有淑女篤生聖

人寵雖不逮於平生澤尚可加於來裔比因秋享肇易國封錫是

閟書以寵廟祀可

父

勑朕深惟　仁祖之意寵綏元舅之家申錫婚姻以固恩禮乃眷奠邦之嗣來相合宮之祠熙事告成鴻恩先及具官李瑋父某貴而能降富而不驕諸子之賢迭爲將帥大邦之寵更王齊秦舉新錫命之書以慰終天之感可

王堅父

勑朕惟景德祥符之間治定功成庶幾三代時維丞相魏公左右厥辟同底於道於穆淸廟卒配烝享至於慶曆嘉祐之際克有賢子不隆厥家出入中外允文允武兹予季秋大享追念先正之後有能在朝相我熙事宜有襃寵以勸百官具官某父某始以諫諍

名聞朝廷終以將帥威加戎狄爻錫之慶子成厥功故雖富貴顯融赫奕再世而天下之議不以爲過生爲六官之長沒𣖫三事之榮匪予爾私惟德之報可

曾布父

勑曾氏系出東魯淵源師友本於孔氏譜牒詳具雖遠而明子孫盛大繼顯於世具官某父某文學之美肖其先人議論之長信於來世仕而不遇志存於書沒而愈彰慶鍾厥子屬詞比事粲然有古人之風理財禦邊卓然有當世之具才智競爽爵秩同升其於搢紳殆無一二朕既任以事恩寵其先今茲大享告成顯親沛澤

追錫崇階之贈以慰九原之知可

蔡確父母

父

勑位極三師而爵封大國雖元勳盛德有不能至者矣而將相大臣欲顯其親者得之吾是以知積善之爲難而有子之爲貴也具官某父某潛於下僚不求聞達躬有懿行久乃發揚美哉中子之賢任予元宰之事久厭機務退守便藩深念教思之勞求昜苴茅之賜大名奥壤雖爲甸服之雄全楚新邦願即故鄉之近九原未泯尚克嘉之可

母

勑貴以其子而爵從其夫此婦人之禮也時予舊相之寵告我念母之誠亦何愛於大邦不以成其純孝具官某母某氏仁以逮下嚴於治家禮先中饋之勤恩逼外姻之廣命之不淑沒有餘哀肆易脂田之封永保荊人之國寵爾廟室以利後人可

秦晉國安仁保祐夫人張氏祖祖母父母

祖

勑具官某祖某朕追懷弓劍之遙不遺簪履之舊矧功存於保護而寵極於平生宜因大享之恩成其尊祖之念寵加列衛追贄九

彔可

祖母

勑具官某祖母某氏朕祗祀合宮嚴配　聖考思其志意慨焉如存昪以推廣舊恩施及幽遠肇易脂田之奉以申追遠之誠可

父

勑具官某父某朕孝愛之深無德不報永惟保育之舊夙著劬勞之恩方大享之告成宜顯親之施及諸衛之貴存沒兼榮可

母

勑具官某母某氏爾蚤以息女之良功存蕃邸之養報已隆於貴

顯恩宜逮於存亡肇新湯沐之封以爲幽冥之慰可

世采母李氏安康郡太君世智母何氏永昌郡太君

勑嚴父配天國之大禮也以子貴母三代之舊章也玆予大賚之慶澤被含生之倫矧於近親志切追遠錫命之典其何可忘具官某母某氏承上克恭臨下以禮生著御家之法歿聞有子之賢賜湯沐於大邦爲窀穸之餘寵九原未泯尚克嘉之可

張方平父

勑士之懷抱志節老於山林不求聞知者何可勝數永惟公卿之貴本由父祖之賢行義絶倫聲聞不著特緣有子得列於朝追想

風猷不忘嘉歎具官某父某性本靜重行極高明宴坐一室之間
心遊萬物之表澹然自守寡笑與言遂以絶人之姿深積傳家之
慶柱石之寄嘗參二府之崇几杖之儀又巳十年之久比緣昭配
許以侍祠宜因均福之恩懋錫追崇之典地分全魏爵列上公九
原有知服我休命可
李端愿父毋
父
勑富而好禮貴而不驕勢憑戚里之榮躬被儒者之節昔聞其語
未見其人具官某父某爵本傳家親聯築館進退以禮無世祿之

非交友多賢盡當時之傑被遇前聖流芳後昆有子而賢久列東宮之貴開府以贈仍因西土之封錫是閔章賁爾幽隧可

母

勑帝乙歸妹而交泰之功著王姬之車而肅雝之禮成風化所由恩禮當異具官某母某氏淵源之盛當世莫倫禮義之隆至今傳誦儼若姑章之奉穆然閨壼之風車服下於王后而不以驕人子孫衆如螽斯而要於守法故能奕世不墜休聲愈隆茲予大享之成因爾故封之廣閔書密印寵數不渝可

張方平祖

勑朝廷優二府之臣列三世之贈眷我耆舊退處鄉閭方大享之告成宜申錫於休命賁及祖廟進封大邦具官某祖某修身正家而聲被於宗黨居約履順而福流於子孫力行於方寸之間得報於百年之後朝之大老惟爾元孫肇新淇奥之封增寵師臣之報告於幽隧服此優恩可

富紹庭母

勑朕追懷先正之臣建功當年流澤後世時惟丞相臨淄公以甘盤之舊股肱太平丞相韓公以魏丙之賢翼亮數世風流未遠家事落然比因大享之成重興追遠之念具官某母某氏臨淄公之

子而韓公之配也幼服圖史之訓晚同忠義之勤有德有年五福兼備奄從淪謝中外咨嗟兹用不忘舊勳寵加新命因其封國之故以明有子之良賁爾宗祧世世無斁可

蔡滕父挺贈開府儀同三司

勅昔我 皇考分命守將鎮撫四夷時惟西羌弗克靖順實賴良帥是震是服遂以顯績進登西樞命之不融中道而殞聲蹟之美於今不忘具官某父某謀猷靖深勳業崇茂治邊之略紀於一時經遠之功著於來世比緣陟配之享永懷先正之良追錫崇階毗儀三事有子之慶奕世嘉之可

劉邠母

勑婦人之賢著於麟趾贈禮之盛極於翬衣朕親享合宮加惠百辟矧復從官之列來告念母之誠可無異恩以示追遠具官某母某氏篤生大族作配名儒環佩之聲動必由禮蘋藻之薦舉不失時追懷令猷尚有諸子守道不倚則漢中壘尉博學不倦則唐右梁侯美哉有子之良爲我得臣之助祚之大邑慰爾九原可

奉議郎任斯年祖母黃氏 以母封回授永壽君

勑朕親享合宮均慶多士以寵榮其親推而上之又及其祖其於親親尊祖之義備矣美名大邑介爾眉壽子孫不忘益勉忠孝可

張琬父昇追封韓公

勑朕追懷　祖宗下逮先正聞嘉祐治平之盛宗臣大老相望於
朝永思其人如見風采具官某父某始以直氣振於中司終以令
德長於西府歷事　二祖懇款一節歸老嵩少追迹松喬殂謝未
幾風烈猶在比緣合宮之祀嘉其有子之慶即封鄉國以賁私祧
九原有知服此休命可

安燾知樞密院贈三代

會祖

勑樞臣之長戎政出焉內則張皇六師以禦外侮外則綏懷四夷

以安中國久虛之位歷試以庸特推三世之恩以示百官之勸具
官安焘曾祖某處躬甚厚與世無求人莫能知而天相其善身隱
不仕而世承其休逮爾曾孫之良冠予西府之列折衝之效偃革
可期斯用錫帝傳之隆名賁私祧之常祀九原未泯百世不忘可
祖
勑古之賢君有師臣之義朕臨御百辟想見其人眷予宥密之賢
夙承祖考之烈積德之厚獲報甚隆寵之上公以見予意具官某
祖某賦性端慤終身退藏孝弟發於自然忠信驗於來世松生於
谷閟歲不衰泉發於山造平而大啟良心於嗣子胙多福於元孫

歸乎家廟之隆數致閟書之賜賁於幽隧宜爾後昆可

父

勑子之能仕父教之忠率循孝弟之風施及邦家之廣朕既用其子不忘其親薦錫崇階之榮以寵退食之養具官某父某資性淳篤既愼靖以安貧操行堅強亦共儉以居富一變簪裳之盛親見廊廟之崇循致承平既股肱之允賴報之寵祿宜命數之超升壽考且寧訓敕無怠可

王汝舟祖母胡氏封嘉興縣太君汝舟乞以妻叙封回受

勑某合宫之慶士得以其親及其室家之封封其大父母今汝舟

願以妻之敘而加其祖母恩從其厚將以極尊祖貴老之義而已

綏爾眉壽服寵無斁可

皇兄令擢等所生母贈縣太君

勑某母某氏合宫之慶澤被存沒爾篤生令人當以子貴肇錫湯

沐之奉以慰怵惕之感蒐而有知嘉此休命可

富弼贈太師

勑慶歷之盛朝多偉人維范與富才業名位實相先後海内稱誦

見於聲詩比之夔契經涉險阻繼以存亡惟天所佑克享全福歷

相三世配食清廟肆予大享加寵先正亦克有子列於在廷具官

某父某德及夷夏功載史册出盟獯鬻復結二國之歡入秉陶鈞首開萬世之議性本直諒終身不回心樂虚閑超世自得音容未遠風烈可追錫以上公之章明我師臣之意告於幽隧慰爾後昆可

劉沆追封秦國公

勑生而秉鈞顯名於世沒而有子通籍于朝家存舊德之餘國有世臣之盛比緣大享之慶來告顯親之誠勳舊既隆恩寵亦異具官某父某奮身南國致位中台風蹟之優効見於民政勤勞之久聲載於圖書頃自告終奄更三世爵極師保之重國分吳會之雄

宜錫社於秦亭示追崇於家廟九原未泯服此鴻恩可

盧政贈司空

勑祖宗懷柔四方兵革不試雖有貔虎之士擁旄鉞之寄皆老死侍衛之間不見才武之効然其聲績未泯子孫在廷追遠之恩國有常典具官某父某弓劒之任推雄萬夫韜略之賢著稱當世卒能保寵以沒其身玆大享於合宫示追崇於列辟宜錫冬官之印以增家廟之榮寵而有知服寵無斁可

王存妻胡氏齊安郡夫人

勑朕敷求哲人咨以大政知其有孝恭祖考之義則爵其三世以

禮其私祧知其有慈愛宜家之心則封之大郡以助其內治凡所以深慰其情而優爲之禮者亦已至矣具官某妻某氏舉無失中言必由禮起於糟糠而善處窮約逮其富貴而不聞驕奢茲使君子綽有成德遂登丞轄之位率由夙夜之佐是用望郡以爲湯沐翟茀以與會朝勉修令猷答此休命可

楊王第三女封安定郡主

勑朕有懷　二宗思見文武之盛念我叔父亦配開平之賢粤維禮命之優蓋有朝廷之舊女既及笄而字爵當裂土而封恩禮之隆孝敬斯在楊王第三女幼而好禮姆教不煩長而知方婦德已

備兹擇良士亦爲外親將修纁鴈之儀肇錫湯沐之奉惟恭且儉
可以保是美名懷孝與和可以安於二姓風化之首其尚勉之可

欒城集卷之三十一　終

欒城集卷之三十二

宋眉山蘇轍子由著

明東吳王執禮子敬　顧天叙禮初仝校

北門書詔五十四首

麻制十三首

除苗授保康軍節度知潞州制

門下上將之任本智略以爲先萬夫所望亦材武之兼尚惟擢拜之未幾極辭疾以告勞言念悃誠式敷明命殿前副都指揮使武泰軍節度黔州管内觀察處置等使持節黔州諸軍事黔州刺史

上柱國濟南郡開國公食邑二千八百戶食實封三百戶苗授蚤讀兵法有志事功久踐戎行自奮邊鄙入參環列既被遇於 先朝累積歲勞適謀選於元帥遂分旄節之寄克諧卒乘之權宿衛逾年勤勸爲請懇獨賢於煩使俾甄佚於近藩爵加貴名邑衍眞食潞子之舊俗武而淳守土之臣事簡且暇於戲建纛而出知寵數之不移勿藥有瘳幸年歲之未暮臥理非壯士之節力疾有忠臣之風勉旃安平起就勳業可特授檢校司空持節房州諸軍事房州刺史充保康軍節度房州管內觀察處置等使知潞州軍州事兼管內勸農使兼提舉澤晉絳慈遼州威勝軍屯駐駐泊就糧

本城兵馬巡檢公事晳韓宗古加食邑五百戶食實封二百戶勳封如故主者施行

除劉昌祚武康軍節度殿前副都指揮使制

門下多畜衛兵莫如 國朝之盛次補元帥蓋本 祖宗之常顧惟萬騎之選師重以千廬之嚴徼欲衆心之素服非宿將而莫當誕告在廷咸聽朕命侍衛親軍步軍副都指揮使冀州管內觀察使持節冀州諸軍事冀州刺史上柱國彭城郡開國侯食邑一千九百戶食實封一百戶劉昌祚奮由弓劍資以韜鈐整於治軍才出邊將之右勇於對敵聲著隴山之西乃者取其 先朝指蹤之

餘授以平涼總護之責種羌久困既款塞以來庭環尹適虛歸釋
甲而御衆爰加旄節之重以壯轅門之觀旌旆不移什伍如故當
使少加號令自益精明於戲仁足附衆則六師不擾威能克愛則
萬夫可齊亦俾貔貅之徒咸知忠孝之節勉矣來效往其欽哉可
特授持節洋州諸軍事洋州刺史充殿前副都指揮使武康軍節
度洋州管內觀察處置等使勳封食實封如故主者施行

明堂呂大防加恩制

門下昔吾　祖宗革五季之遺復三王之舊皇祐之盛始寓總章
於外朝元豐之隆載嚴上帝之定位物有成憲敷遺後人朕因而

循之罔有失墜乃辛巳之吉躬被冕服祗卽羣工禮成不遺神貺

昭答誕降多福均畀在廷太中大夫守尚書左僕射兼門下侍郎

上柱國汲郡開國公食邑二千九百戶食實封六百戶呂大防篤

實而文寬厚而栗在　英祖時納忠不回爲名御史在　神考時

宣力不懈爲賢守臣逮茲纘承卽與丞弼旣全付之鈞軸遂能任

我棟梁正顏色而誠意宣出詞氣而忠邪辨左右三載咸乂四方

民無煩苛羌率舊職稼穡茂遂神人燕安俾我盛事告成舊章不

墜雖荷帝祉時惟乃功宜因賜胙之恩遂行進律之典增大國邑

衍食眞封疇爾茂勳勸我多士於戲公爾忘私非獨得君亦以獲

祐於帝寬而有制非獨善始亦以克要厥終及茲休成同底至道可特授依前官職加食邑一千戶食實封四百戶勳封如故主者施行

皇伯祖宗暉加恩制

門下宗祀配天所以敎諸侯之孝加地進律所以廣上帝之恩矧維天屬之尊世奉濮園之享相予肆祀綏我恩成躬率父兄之和以致天人之應用敷大號昭告治朝皇伯祖鎮南軍節度洪州管內觀察處置等使檢校司徒開府儀同三司持節都督洪州諸軍事洪州刺史上柱國嗣濮王食邑一萬二千一百戶食實封

三千七百戶宗聯爵封世王名冠羣輩而能降言而不驕孝弟
禰宗粹本天姿之懿盛德問學名承師訓之良同我絜齋獻於饋
獻進退和於禮節干陛比於絲章遑此休成宜均多福益衍舊封
之廣仍加眞食之優於戲爾尚安燕之發思繼前人之令猷兼將相
之隆勉圖丕飾之休烈祭因受爵之寵益更循牆之恭庶無間然
是行經盡可特授依前官職加食邑一千戶食實封三百戶勳如
故主者施行

皇叔祖宗施加恩制

門下朕出綏原廟之嚴入謁總章之秘師臣外帥多士以揖盖國

宗卿內饰諸父以正吾家親賢旣和天人咸若膺受多福施及四
方矧惟族屬之尊宜有寵光之異皇叔祖寧遠軍節度容州管內
觀察處置等使持節容州諸軍事容州刺史上柱國韓國公食邑
五千八百戶食實封一千六百戶宗祐恥爲富貴之習勤由禮義
之中祗順父兄親近師友肅若閨門之治穆然朝謁之容秉旄鉞
而四方之志行錫茅土而諸侯之禮備遠鎮容管近殿洛師處之
若無久而益慎爰推大賚之澤益彰有德之榮增衍故封懋錫眞
食於戲考之晉人則安平之於武帝求之唐室則元嘉之於高宗
皆以德重屬高恩隆禮異往祗服於明命思無愧於古人可特授

依前官職加食邑七百戶食實封二百戶勳如故主者施行

皇叔祖宗楚加恩制

門下漢封同姓之國勢遂疏於本朝唐任宗室之隆用每雜於他族　祖宗酌古今之典篤兄弟之親雖極茅土之封常居朝謁之地眷禮特異前世莫倫皇叔祖建武軍節度邕州管內觀察處置等使持節邕州諸軍事邕州刺史上柱國郇國公食邑五千八百戶食實封一千六百戶宗楚孝友根心文藝飾性居處恭敬不聞過行室家理故可以涖官師保不煩朋友稱信乃者顯相原廟之祀齋宿總章之廷禮假無言質明成禮顧惟大賚之澤宜處羣臣

之先益衍故封陪敦眞食於戲宗祀之典所以教孝於諸侯賜胙之恩所以均福於上帝誠覲禮以知義尚修身而保終祗服寵光永有燕譽可特授依前官職加食邑七百戶食實封二百戶勳如故主者施行

皇弟徽宗御名加恩制

門下朕惟成王尚幼而紹文武任姒之業時其請弟之貴則有邦晉應韓之封皆克保邦以輔王室今予仲叔之衆咸訓 祖考之謀方宗祀于文人以陟配于上帝禮成弗越孝思無窮爰因降福之多以均同氣之盛皇弟鎭寧軍節度澶州管內觀察處置等使

檢校太尉開府儀同三司持節澧州諸軍事澧州刺史上柱國遂寧郡王食邑六千戶食實封一千九百戶佶得天之粹克孝于家典學之初弗煩于傳觀其率禮之意旣有成人之風受册苴茅已賜盟於如礪備儀出閤終有賴於維城朕方推神之休布澤于下豈茲貴介而有忽遺宜增多戶之封并衍眞食之賜於戲富而知稼穡之事則富可保貴而知君臣之節則貴可全受爵旣先於四方脩亡豈後於羣辟祗服明訓其永有詞可特授依前官職加食邑一千戶食實封三百戶勳如故主者施行

皇弟似加恩制

門下朕明發而興有懷文武之烈孝愛之廣施及兄弟之親茲擇季秋之良躬展總章之祀升侑烈考昭配昊天執幣以前愾然如在念遺意之所屬顧同氣之當先皇弟集慶軍節度亳州管內觀察處置河堤等使檢校太尉開府儀同三司持節亳州諸軍事亳州刺史上柱國普寧郡王食邑五千戶食實封一千七百戶佖幼有岐嶷之姿長見肅雝之美克勤朝夕既已無違於家日親詩書知其有志于學爵分茅土之貴任兼將相之榮身能處之不驕人亦期之可久宜益舊封之廣仍加眞食之多於戲顯宗之於東平下腰腹之詔明皇之於隆慶歎羽翼之詩朕既無間於伯仲之間

爾亦無忘于孝友之行外以事國內以顯親可特授依前官職加食邑一千戶食實封三百戶勳如故主者施行

皇弟偲加恩制

門下古者教成於家治定於國九族旣睦萬邦咸和今予季弟之親未遑就傅之禮追 先帝眷懷之深意推 東朝鞠育之異恩錫命之隆可後於衆皇弟武成軍節度滑州管內觀察處置河堤等使檢校太尉持節滑州諸軍事滑州刺史上柱國祁國公食邑三千七百戶食實封一千二百戶偲生而敦大長則惠和氣稟淸明育室家君王之喜心懷徇達知師保教訓之方乃者擇季秋之

良修宗祀之禮事天所以報本嚴父所以顯親辟海宇之人孰非付託之重念天倫之戚永懷顧屬之隆宜因慶賜之行并衍封食之賜於戲父兄皆萬乘之富豈其患貧爵秩旣五等之尊貴於能降罔恃得之之易當念守之之艱滿而懼傾高則不墜可特授依前官職加食邑七百戸食實封二百戸勳如故主者施行

馮京加恩制

門下世臣之於故國增望實之隆老成之於典刑有諮謀之益眷吾嘉祐侍從之列實惟朝廷心膂之臣迨今所存數人而已乃者合宮肆祀百辟駿奔顧瞻舊人方在外服懷想風聲之懿豈忘霈

澤之加保寧軍節度婺州管內觀察處置等使持節婺州諸軍事
婺州刺史上柱國始平郡開國公食邑六千六百戶食實封二千
戶馮京敦大敏明肅恭和惠名冠多士徧居臺省之高華德合前
人遂攬兵政之微密納之煩劇而不亂涅於渾濁而不緇心與善
人望推前輩丙吉雖病以陰德而復全蕭傅出藩懷本朝之雅意
頃膺旄節之重以當趙魏之衝坐使中朝不勞北顧宜衍大邦之
履仍加眞食之封於戲身歷四朝履夷險而一致心通庶事閱義
理者尤多豈以中外之殊而廢謀猷之告介爾眉壽左右皇家可
特授依前官職加食邑五百戶食實封二百戶勳封如故主者施

行

劉昌祚加恩制

門下朕因路寢之正舉合宮之祠禮樂法商周之隆車服兼漢唐之盛出欵原廟還享上穹職貢充庭工師履位兵衛如植旌旆不煩實惟有人以克成禮殿前副都指揮使武康軍節度洋州管内觀察處置等使持節洋州諸軍事洋州刺史上柱國彭城郡開國侯食邑一千九百戶食實封一百戶劉昌祚天資鷙勇性本忠良結髪征羌號馬上之飛將授鉞臨塞皆關中之要區方西鄙之須材會中軍之謀帥畀之旄節之重付之貔虎之師歸閫浹旬旋聞

輯睦逮此熙成之慶賴其宿衞之勤旣增封爵之崇仍加眞食之

厚於戲古之明主立賞以待有功古之賢將有功而恥自列服予

霈澤之異勉爾勳名之思貴當益恭老當益壯可特授依前官職

進封開國公加食邑七百戶食實封二百戶勳如故主者施行

除文彥博太師河東節度使致仕制

門下周公未嘗之魯老亦居豐郈侯晩雖強食終不任事蓋委寄

之重初無間然而止足之風所不敢廢惟我耆舊歷事　祖宗纘

服之初復命以位雖師保之地優佚不煩而邛樊之心朝夕以請

布告在位俾聞高風太師平章軍國重事上柱國潞國公食邑二

萬八千一百戶食實封一萬一千八百戶文彥博克孝而忠允文
且武其在師旅有方召之勳其在朝廷有崇璟之業士民視其去
就夷狄震其威名時更四朝躬蹈一節　先皇帝毖勞以事旣許
其歸越予訪落之年凜有涉淵之志起之旣老待以仰成出入五
年終始全德進而論道日聞典訓之言倚以折衝卒靖邊防之警
委成功而不處指莫景以求安勤請屢聞誠心莫奪顧瞻閭井近
在洛師郭氏有永巷之嚴裴公有綠野之勝豈以簪紱之累久致
形氣之勞貴極上公旣無復加之爵秩分領全晉仍昇久還之節
旄增廣舊封益衍眞食殫盡人臣之寵歸從父老之游於戲音聲

不遐尚有就問之禮几杖以俟復期親祀之陪勿以進退之殊而廢謨猷之告式燕且譽俾壽而康可特授太師開府儀同三司太原尹充河東節度管内觀察處置等使致仕加食邑一千戶食實封四百戶勳封如故仍令所司擇日備禮册命主者施行

除馮京彰德軍節度使制

門下備河禦胡固天下之要地建都置守皆前世之重臣雖中外之無虞實根本之所在非其人則視若虛邑得所付則坐爲長城是用敷告外廷復任舊老保寧軍節度婺州管内觀察處置等使持節婺州諸軍事婺州刺史知大名府兼北京留守司公事畿内

勸農使充大名府路安撫使馬步軍都總管上柱國始平郡開國公食邑七千一百户食實封二千二百户馮京名冠多士望高累朝和而不同性有鹽梅之德磨而不磷志懷金石之堅入則參預萬幾出則蕃屏四國頃加旄鉞之寵俾臨趙魏之衝宜民宜人靖重而不擾無怨無惡樂易而可親朕不忍奪民所安故命易節而處升視冬卿之秩併加邑户之封薦官宿其業則事無不知民習其上則信而易使方今河流所出近在都城之西故道已堙而歲有衍溢之虞北流既駛而方患隄防之缺介衆所利卿靡弗聞舊德所臨朕亦何慮於戲兵民細故責之將佐而可爲邦國大猷非

吾耆老而誰聽勉盡白首之節以寬北顧之憂可特授檢校司空
持節相州諸軍事相州刺史充彰德軍節度相州管內觀察處置
等使再任知大名府兼北京留守司公事畿內勸農使充大名府
路安撫使馬步軍都總管仍加食邑五百戶食實封二百戶勲封
如故主者施行

詔敕四十一首

尚書左丞韓忠彦免弟嘉彦尚主不許不允詔二首

勅忠彦覽所劄子奏伏聞　聖恩宣詔臣弟嘉彦赴禁中引見欲
令尚主伏望以長主之貴更加慎擇事具悉惟先正魏公光輔三

世有勞宗祧雖沒元身其報在後　先皇帝追懷忠厚之德許以
婚媾之親逮兹奉行實出　遺旨雖卿以惡盈爲戒深欲固辭而
朝廷謂無德不酬莫回成命謙冲之意嘉歎不忘所請宜不許故
兹詔示想宜知悉
昔王導以輔政之業郭子儀以專征之功肆其後人皆聯戚里衣
冠之盛晉唐所稱未聞其子孫以盈滿爲言而朝廷聽辭避之請
也今予先正實配前人築館之恩報功斯在蓋便蕃之寵屬於乃
父而事不在卿選擇之命出於先朝而朕不敢易體兹至意罔或
固辭所請宜不允

門下侍郎孫固乞致仕不允仍給寛假詔

勑孫固省所劄子奏春中以被病危重乞一致仕名目　聖恩深厚未忍遽從今氣血益以羸耗在假已二十日坤成聖節不能勉強趨赴伏望　聖慈察臣出於至誠曲成其志事具悉朕以篤老之臣於國有肝膽之親而命以位非責其趨走之勞也卿以垂白之年許朕以股肱之用而受其託非徒為朝謁之勤也今者眷倚之厚朕方未怠聞望之隆人亦無間徒以壽日方迫疾勢未平不能造朝遽欲謝事既非朕所以待卿之本意亦非卿所以事朕之素心人其謂何朕實未諭既命賜告以自養卿其少安而勿違所

請宜不允仍給寬假將治故茲詔示想宜知悉

韓忠彥乞外任不許不允詔二首

勅忠彥覽所劄子奏兄爲執政弟爲駙馬未有似此體例不若自求罷免伏望許解近司處之外任事具悉魏公之功没而不朽先帝之命久而不忘吾有懷舊勳擢卿於六官之貴繼因 遺旨屬嘉彥以副車之姻推吾此心蓋非一日本將并錄其子以寵其父豈欲獨收其弟而棄其兄比因力辭嘗已臨諭有唐故事非獨一家本朝已行亦存近比倘茲勤請殊失眷懷吾欲伯仲相望於朝以示國家不替舊德起祠乃職罔復煩言所請宜不許故茲詔

示想宜知悉

勅忠彥省所劄子奏兄爲執政弟爲駙馬未有似此體例不若自求罷免伏望許解近司處之外任事具悉君臣之間以誠意相遇則事無不可以形迹爲務則理或難通朕惟魏公歷事 三朝咸有一德功存社稷澤及子孫追懷茂勳述行先志以卿性資忠良久更事任可以寄股肱之託以嘉彥業履純潔方及冠歲可以與姻親之選各隨材分以答勳勞由義而言略無嫌疑之可避顧卿何慮特假形迹以爲辭況考之古今亦有成例秪服朕訓何卹人言其罔復辭以安厥位所請宜不允故茲詔示想宜知悉

孫固乞致仕不允詔

勅孫固省所三上劄子奏乞致仕事具悉卿以疾辭位義也而朕以事畱卿亦義也既皆爲義則卿之所執雖未爲過而朕之所設亦豈遽非乎尚何力辭以廢成命今者四方無虞廟堂之上非有艱難之慮緩急之政也卿疾雖未復而勢已有間日雖稍久而事則無損誠能得告以養疾疾愈而造朝宜若於體無害也治疾以安身身強而圖報宜若於國有補也卿何所疑而辭之不已乎勉循前命無復煩請所請宜不允故茲詔示想宜知悉

趙君錫免刑部侍郎不允詔

勅君錫省所奏辭免恩命事具悉朕以卿仁恕不苛必能哀矜有罪寬平盡下可以詳究微文矧在東臺逮茲累歲觀封駁之無避知廉直之有餘眾言既孚朕志亦定往祗成命罔復固辭所請宜不允故茲詔示想宜知悉

呂公孺免戶部尚書不允詔

勅公孺省所奏辭免恩命事具悉方今賦有常供無暴斂之入用循故事有不給之虞朕眷求長材委以足用虛位以竢累月于茲卿家本世臣早更事任頃涖京邑亦既久勞辭而不居誰使任事所請宜不允故茲詔示想宜知悉

太皇太后明堂禮成罷賀賜門下手詔

勅門下 皇帝臨御海内晏安五經季秋再講宗祀允有君德以享天心顧吾何功獲被斯福今有司因天聖之故事修會慶之盛禮將俾文武稱慶于廷吾自臨決萬機日懷祗畏豈以菲薄之德自比章獻之明肅復 皇帝致賀于禁中羣臣奉表于閤左禮之文餙具矣又何求前朝舊儀吾不敢受將來明堂禮畢更不受賀宜宣坐内東門拜表故茲詔示想宜知悉

太師文彥博乞致仕不許不允詔二首

勅彥博覽所劄子奏陳乞致仕事具悉吾之用卿本以公議卿之

事人亦非私意起於既謝凡以爲民矧於陟降之間未覺筋力之憊苟誠在愛民則愈老而民不厭誠在許國則愈久而君益親卿既以道深結於朝而欲以私自便而去義有未可非吾所知所請宜不許故兹詔示想宜知悉

敕彥博省所劄子奏陳乞致仕事具悉絜去就之分厲廉恥之風此新進之士立名於世者之所爲也以朝廷爲家以社稷爲悅此老成之臣竭忠於國者之所志也卿昔以八十之年不郵小廉出循朝命既得之矣歲月未幾體力猶康遽欲告歸朕所未喻豈以老成之望而蹈新進之爲謂宜少安卒輔予治所請宜不允故兹

詔示想宜知悉

文彥博致仕再免兩鎮不許不允詔二首

勅彥博覽所再上劄子奏辭免恩命乞只以河東一鎮致仕貼麻處分事具悉朝廷數以兩鎮命卿而卿率以固辭獲免抑有由也或特恩之横被或謝事而得休歷考前後所加猶是公相常禮今者老而復起起而復歸率自帝師之隆未見前人之比兼持旄節夫豈過哉已卻封章姑止可也所請宜不許故茲詔示想宜知悉

勅彥博省所再上劄子奏辭免恩命乞只以河東一鎮致仕貼麻處分事具悉命由君出禮以義起豈必皆有故事然後得以奉行

卿有德有年在朝不見其比或出或處自昔未聞其人矧復兩鎮之異恩既有先朝之成命蓋昔日之勳未若今日之盛則今日之受豈必前日之非勉聽朕言祗受册禮所請宜不允故兹詔示想宜知悉

文彦博三免兩鎮不許不允詔二首

勑彦博覽所三上劄子奏辭免兩鎮恩命止授河東一鎮致仕事具悉卿股肱四朝而爲二帝師求之古今未見倫儗得謝而去在禮宜殊佩相印持將鉞以爲未足故并付以蒲中漢中之衆所以華國非特以爲卿寵也今辭之不已深所未喻吾志先定卿其勿

辭所請宜不許故茲詔示想宜知悉

敕彥博省所三上劄子奏辭免兩鎮恩命止授河東一鎮致仕事具悉朝廷之命審而後發非力辭之所得免也卿親對便坐繼三上章詞已竭矣而朕之素心終不可易且卿兩以帥臣歸第前無其比而後無其繼雖兼擁二節孰以爲非者哉所請宜不允故茲詔示想宜知悉

文彥博免兩鎮許允詔二首

敕彥博覽所累上劄子奏辭免兩鎮恩命乞祇帶河東一鎮致仕事具悉恩之不勝義舊矣卿既告老而吾以至恩被卿二鎮頗有

成命而卿以大義執節固辭雖欲不聽其如義何況卿所陳關國之體以謂宗室之故不當施於羣臣而非法所加亦難行於治世辭之以禮衆實謂宜吾豈以一時之恩而廢天下之義哉勉從所請還卿舊節再惟誠悃不忘嘉歎特依所請換授依舊領河東節度使致仕故茲詔示想宜知悉

勑彥博省所累上劄子奏辭免兩鎮恩命乞祇帶河東一鎮致仕事具悉朕惟 先朝嘗以兩鎮寵綏大臣者惟魏國忠獻韓公與卿爲二忠獻既已一辭於前而卿亦嘗再辭於後 先帝亮其至意爲改册書天下既領 先帝之明復嘉二臣之義今朕嗣守成

憲率而行之以卿累章稽之故事實無違者古之君子愛人以德
朕豈忘斯義而廢卿言特依所請換授依舊領河東節度使致仕
故茲詔示想宜知悉

河東官吏軍民示諭勅書

勅河東官吏軍人僧道百姓等朕以文彥博四朝舊臣一時耆德
起於既老之後輔子纘服之初奏章屢陳歸意莫奪師臣之貴爵
無復加將鉞之崇恩俾還舊矧爾故鄉之父老安於前尹之威懷
比聞冊書想多歡慰今特授文彥博太師開府儀同三司太原尹
充河東節度管內觀察處置等使致仕加食邑一千戶食實封四

百户勳封如故故兹示諭想宜知悉將士等各得平安好參佐官吏僧道耆壽百姓等並存問之遣書指不多及

孫固乞致仕不允詔

勑孫固省所劄子奏自去年正月未涉夏兩次重病蒙　聖恩寬假得遂生全然臣一年飲食減少氣力羸乏仰干天聽以祈矜憫許臣休致事具悉朕屬任耆老本非旅力之求卿被遇股肱豈可一朝而去雖自以羸瘠爲苦朝謁多艱然而遇事不廢思慮之明進對每有謀謨之益何損於政遽當告歸矧今邊防無異域之虞而密府有同寮之助勉親藥餌仰循邦家神之聽之介以壽考所請宜不允故茲詔示想宜知悉

韓忠彥免同知樞密院不允詔

勅忠彥省所劄子奏伏覩除同知樞密院伏望追改新命事具悉朕以西樞總領兵要綏御邊防事有失於須臾患或貽於久遠是用輟卿左轄之要付卿右武之權分職雖殊柄用則一易地而已力辭謂何矧復親黨之微嫌豈爲腹心之深累勉起視事尙體眷懷所請宜不允故茲詔示想宜知悉

蘇頌免尙書左丞不許不允詔二首

勅蘇頌覽所劄子奏辭免恩命事具悉卿家世名臣少小篤學在昔圖史包括無遺本朝典章指陳可數中以直道廢於一時終守金石之姿不爲燥濕所變白首在列丹心甚明進轄中臺斷自吾

意勉服休命勿爲固辭所請宜不許故茲詔示想宜知悉

勅蘇頌省所劄子奏辭免恩命事具悉卿日奉寶訓進讀金華詞氣裕然進退以禮朕旣已熟聞講解之益抑又究觀業履之詳臺中紀綱責在丞轄卿其以平昔舊聞施於政事朕亦以所參施政驗卿前言毋爲固辭當取成效所請宜不允故茲詔示想宜知悉

蘇頌再免左丞不許不允詔二首

勅蘇頌覽所再上劄子奏辭免恩命事具悉卿昔在仁祖之朝已預石渠之選一時同列于今幾人結髮翰墨之場白首忠信之節議論如故志意不衰擢任柄臣蓋旌耆德辭至于再殊匪吾懷

所請宜不許故茲詔示想宜知悉

勑蘇頌省所再上劄子奏辭免恩命事具悉二轄之司萬幾所萃不明故事政或失於紛更不達當今用或病於膠固朕以卿誦習典章而不厭更閱義禮者尤多擢寘左右之聯實求咨訪之益雖力辭之不已顧成命之難回所請宜不允故茲詔示想宜知悉

知樞密院孫固乞避親不允詔

勑孫固省所劄子奏伏覩除韓忠彥同知樞密院事緣臣有女嫁忠彥之弟純彥有此親嫌理合迴避伏望罷臣知樞密院事獲遂休退事具悉朕惟　先朝同秉樞機之臣有以近親不許避免之

比是以並建長貳之懿不取形迹之嫌今卿以謂無他同寮請循著令雖祖宗舊法不可遂忘而君臣同德姑爾無害豈以纖芥之故遽爲退老之謀再閱謙詞徒用嘉歎所請宜不允故兹詔示想宜知悉

周尹進與龍節無量壽佛敕書

勅周尹省所進奉與龍節無量壽佛一軸事具悉佛心無爲佛壽無量有能繪其眞相俾來獻於誕辰勉我以清淨之風祝我以朞頤之福忠勤深至嘉歎不忘故兹示諭想宜知悉夏熱汝比好否遣書指不多及

范百祿免侍讀不允詔

勅百祿省所上表蒙恩除兼侍讀伏望特寢誤恩事具悉卿秉心直諒臨事莊栗頃貳憲部持法寬平不屈於權要及領選曹馭吏詳察不撓於煩劇其達於吏治朕既知之矣至於通經博古慨然正論昔由此進今以是老朕寤寐格言而獨未聞焉挾策進讀其勿復避所請宜不允故茲詔示想宜知悉

趙君錫免吏部侍郎不允詔

勅君錫省所奏辭免恩命事具悉卿孝友慈祥可以施於有政寬栗柔立可以命之有家適從議讞之勞遷領銓綜之重蓋因已試

之效非有蹤等之嫌選劇務繁不可久曠勉力思報賢於固辭所請宜不允故茲詔示想宜知悉

文彥博免孫男康世章服不允詔

勅彥博省所劄子奏辭免孫男康世章服事具悉卿以耆老給扶子孫以進見授服前後既異豈以重復為疑奏牘上聞何其畏愼之過已頒成命罔復重辭所請宜不允故茲詔示想宜知悉

孫固乞致仕不允詔

勅孫固省所劄子奏以老病情迫累乞休致未賜開可緣年齒晚暮疾病侵陵今日筋骸困憊至此無復安全之理伏望哀憐早降

俞旨事具悉卿逮事 聖考於潛官與聞 先朝之大政貴老求
舊屬任之意方隆引疾告歸退避之言已甚君臣同德夫豈當然
體力雖衰姑復自勉所請宜不允故茲詔示想宜知悉

宰相呂大防等爲旱乞退不允詔

勅大防等省所劄子奏時雨不足乞罷免職任事具悉歷時告旱
歲事可虞精禱未孚神貺猶嗇朕側身思咎終夕靡遑卿等躬任
燮和志同憂患雖引義自責大臣之體則然而釋位求安有國之
討何賴尚講救荒之政以助憂民之誠苟能使旱不爲災則朕復
何咎所請宜不允故茲詔示想宜知悉

太皇太后以旱賜門下詔

勑門下吾母臨御四方親決萬務清心克己凡以爲民而天意弗咸歷時災旱宿麥幾盡秋稼未立饑饉旣至疫癘將起齋祠雖切漠然弗應吾則不德民實何罪中自循省寢食皆廢豈政治失當事之害物者尚多上下否塞情之不通者非一刑或不稱其罪用或不當其人有一于斯皆足以上怫天心下擾民聽循致斯旱咎實在吾皇帝遇災恐懼不敢自佚旣命有司降食避殿罷五月朔朝吾亦自今月二十三日後減常膳側身念咎固無吝於改爲協德濟民尚有求於列位故茲詔示想宜知悉

皇帝以旱賜門下詔

勑門下朕奉承統業于今五年臨御崇高未達庶政夙夜祗懼若涉淵冰常恐德之弗類無以下慰民望上當天心今者冬雪不效春雨弗若逮此孟夏旱災如焚麥不充食禾未出土歲事凛凛民且狼顧雖禱祠備至而神莫之答惟循省自克則災或可消意者政令寬弛吏或爲害而莫懲歟賦役失當民病於事而莫察歟忠言有壅而未達賢才有抑而未用歟念之雖勤行則未至昭明恐懼之誠意庶幾陰陽之不違可自今月二十三日後減常膳不御前殿及將來五月一日罷文德殿視朝朕上奉東朝深愧常珍之

日缺下臨庶尹猶冀嘉言之上聞苟利於人其無不可故茲詔示

想宜知悉

鄧溫伯免翰林承旨不許不允詔二首

勑溫伯覽所奏辭免恩命事具悉卿以文史足用久在禁林慎靖寡尤首承密旨雖云新命率皆前官尚此盤桓固求引避既違朝廷號令之信徒有道路進退之嫌其尚亟前勿爲煩請所請宜不許故茲詔示想宜知悉夏熱卿比平安好遣書指不多及

勑溫伯省所奏辭免恩命事具悉翰林以議論爲官而承旨以年德爲選茲所以歷求多士復用舊乂卿既父在朝廷當識朕意還

延退託雖多長者之風號令文詞宜得宿儒之用成命不反固辭

實難所請宜不允故茲詔示想宜知悉夏熱卿比平安好遣書指

不多及

呂大防等再爲旱乞退不允詔

勅大防等省所再上劄子奏近以旱暵爲沴乞罷職任伏襟詔命

不從所請伏望早賜施行事具悉常暘爲災民瘠已甚朕爲之父

毋而卿等爲朕股肱相與憂之固其任也然至於求罷職事則匪

朕心朕既自以失德爲疑卿等姑復以粃政爲念因民情而圖救

脩旱備以防徵既能夙夜在公豈必遼巡去位朕志如是卿其少

安所請宜不允故茲詔示想宜知悉

彰德軍官吏軍民示喻敕書

敕彰德軍官吏軍人僧道百姓等朕以魏都要地守難其人馮京名臣姑易其節假爾鄴城之重壯我留鑰之聲矧旄鉞之得賢抑吏民之增氣已頒大號想慰輿情今特授馮京檢校司空持節相州諸軍事相州刺史充彰德軍節度相州管內觀察處置等使再任知大名府兼北京留守司公事畿內勸農使充大名府路安撫使馬步軍都總管仍加食邑五百戶食實封二百戶勳封如故故茲示諭悉宜知悉將士等各得平安好參佐官吏僧道耆壽百姓

等並存問之遣書指不多及

馮京免彰德軍節鉞不許不允詔二首

勅馮京覽所上表辭免恩命事具悉老臣所在衆志自安邊鄙震其威名吏民習於條教事可坐定政無更張是用因魏都之舊疆換鄴城之新節孚號既布僉謀畢同方慶得人之難遽覽飛章之請吾命惟允卿其勿違所請宜不許故兹詔示想宜知悉夏熱卿比平安好遣書指不多及

勅馮京省所上表辭免恩命事具悉魏博重鎮舊用老臣旄節寵章制存易地朕以卿著稱多士既歷三朝卧治此邦於今再歲復

欲借君以爲重蓋亦因民之所安豈其固辭而可得免祗服成命永綏北郊所請宜不允故茲詔示想宜知悉夏熱卿比平安好遣書指不多及

文彥博免致仕合得五人恩澤詔

勅彥博省所劄子奏今來致仕依條合得五人恩澤乞賜寢罷事具悉朝廷以恩遇老臣無所不厚而卿以禮自克辭不敢居卿既能見得思義以律貪夫朕豈不能成人之美以明晚節蓋知損之爲益是以高而不危所請宜允故茲詔示想宜知悉夏熱卿比平安好遣書指不多及

范百祿免翰林學士不允詔

勑百祿省所上表辭免恩命事具悉卿蚤以直言預英祖之選中以直道干

神考之知侃然立朝老而益劭朕欲訪經籍討論之助求文章潤色之工既已寘卿金華之中兹又擢卿玉堂之上矧復班六曹之首無躐等之嫌繼仲父之賢有傳家之慶朝有成命勢不可違時方須才義亦難奪所請宜不允故兹詔示想宜知悉

欒城集卷之三十二終

欒城集卷之三十三

宋眉山蘇轍子由著　　明東吳王執禮子敬　顧天敘禮初仝校

北門書詔祈祝九十首

批答四十四首

門下侍郎孫固乞致仕不許不允批答二首

覽表具之吾不出帷幄臨御家邦實賴股肱之良以持綱紀之要於其進退顧可輕聽之哉卿頃自近藩擢貳東省本以年德之故非有筋力之求若夫正顏色出詞氣使人望之而忠誠可信䂓倍

自遠斯可矣豈以一病未能造朝遂欲舍而去哉誠請雖勤於義未也所請宜不許

省表具之卿事　先帝於東宮覽兵要於西府忠厚之節始終不渝朕敷求舊人所得無幾親之信之以爲手足尊之重之以爲蓍龜非有大故不可棄也豈以一病而輕去哉雖會朝之常儀與坤成之大慶未能自力蓋亦何疑倚寄乃心終輔予治所請宜不允

劉昌祚免殿前副都指揮使不許不允批答二首

覽表具之衛兵虛帥累月於茲召節亟還辭章繼入既匪眷懷之素復稽總護之宜與其飾說以固辭孰若勤職而圖報所請宜不

許仍斷來章

省表具之卿結髮兵間著績境外歸總環衞本以次遷懇避節旄再形謙請顧成命之不反宜就職以無辭所請宜不允仍斷來章

文彦博乞致仕不許不允批答二首

覽表具之卿以衞武之年踐呂尚之位安然無作則功名自隆默然無言則卿尹自化當以至靖之德坐鎮羣動之樞不勞施爲以憊筋力今者初畢元祀遽聞告歸幾務多閑朝謁非病屬任既重披閱爲疑方假百年之令猷以觀庶尹之成效來請雖切殊匪吾心所請宜不許

省表具之老而謝事古之禮也而勢未可去蓋有不得謝者矣卿元豐之間引年而歸隆知足之風元祐之初承詔而起敦急病之義既進退之兩得謂始終之不渝方朝廷政事之優閑而卿志氣之康裕雍容師保之地儀刑卿士之前朕之望卿意未有艾誠請雖至義不可從所請宜不允

呂大防免明堂恩命不許不允批答四首

覽表具之吾聽政九重逮今四載觀孝孫之致享奉文子以配天神人既和禮樂備舉終事如素孰尸厥功顧維元臣宜與有慶往服休命其勿復辭所請宜不許

省表具之朕臨御諸夏俛仰四年格茲秋成躬致禋祀燮和鎮撫
卿與有勞豈惟一朝顯相之勤實賴同德贊襄之益國有成憲時
錫寵章其罔復辭勉服休命所請宜不允

覽表具之寵至而辭抑惟常禮義當而受顧亦何疑永言宗祀之
嚴實賴顯相之助加惠百辟罔遺一人豈其股肱之良而無封邑
之寵成命不易祗受勿違所請宜不許仍斷來章

省表具之朕奉祀合宮祗見上帝諸侯致享邇臣侍祠凡執豆籩
咸被慶賜矧予元宰實代天工獨執謙言孰先多士勉膺成命罔
復固辭所請宜不允仍斷來章

皇伯祖宗暄免恩命不許不允批答四首

覽表具之季秋致享羣后在廷卿奉祀濮園首師宗子相我熙事不忘肅雍逮茲禮成宜受帝祉矧朝廷之寵數皆祖宗之舊章雖執謙辭莫回成命所請宜不許

省表具之朕推廣帝澤覃及海涯惟 英祖伯仲之親與濮園烝嘗之奉顯膺異數實先諸臣矧茲均福之餘本緣升侑之慶祗服成命其又何辭所請宜不允

覽表具之無言不酬無德不報古之道也總章之祀成于顯相雖駿奔走執豆籩皆被其澤矣而況於王乎雖復固辭難遂來懇所

請宜不許仍斷來章

省表具之屬尊則禮必異親近則寵必先國之舊章朕何敢廢矧惟合宮之祀實賴顯相之勤雖欲不居懼失常典載嘉誠請難狥固辭所請宜不允仍斷來章

皇叔祖宗祐宗楚免恩命不許不允批答四首

覽表具之吾祗命元孫躬饗上帝父兄在列君臣肅然熙事告成大霈時舉宜因休命之降以爲羣臣之先執謙而辭殊匪吾意所請宜不許

省表具之朕躬享上帝陟配文考事天事親一舉而得旣受帝祉

懼不敢專思與父兄共享其福若尊屬懿親辭而不有謂羣臣何

其聽朕命服此休寵所請宜不允

覽表具之祭祀之澤神所照臨祖宗之舊吾無加損卿侍祠夙夜

終事齋雍既同百工咸被光寵豈獨潔已固陳謙詞懇請雖堅成

命莫改所請宜不許仍斷來章

省表具之朕既有事于明堂凡執事之臣咸與有慶矧諸父兄之

貴朕所尊禮而祖宗之所顧臺者耶辭至於再深所未喻尚體至

意無復煩請所請宜不允仍斷來章

皇弟佶似偲免恩命不許不允批答四首

覽表具之吾奉承先緒成就諸孫宗祀合宫畢見元良之盛大霈
褒寵特先仲叔之賢率時舊章錫以休命體我眷厚其勿謙辭所
請宜不許

省表具之兄弟之義譬如手足憂喜同之朕有事於合宫徼福於
上帝中外臣庶咸被惠澤豈予諸弟之親而有不遍者乎朕命惟
允其勿辭可也所請宜不允

覽表具之席父兄之貴居王公之尊典禮既行爵命自至茲以廣
愛豈將期驕與其被命而力辭孰若居寵而知畏祗服異數毋忘
益恭所請宜不許仍斷來章

省表具之宗祀文王以配上帝此周禮也議於諸儒歷世不決逮
我聖考一言而定朕奉而行之罔有增損至禮樂之文赦宥之澤
咸有成法非朕所私豈余諸弟之賢弗遵前人之訓祗朕寵命其
勿固辭所請宜不允仍斷來章

劉昌祚免恩命不許不允批荅四首

覽表具之卿國之虎臣帥我爪士總章大祀宿衛有勞宜為六軍
之先以承八賚之慶辭而不有殊匪吾心所請宜不許

省表具之卿為環列之尹職在訓齊方總章之祠勞於宿衛禮成
加惠國有舊章上自將帥之聯下逮什伯之長咸錫休命罔遺一

夫苟將獨辭何以率衆所請宜不允

覽表具之朝廷治安將帥閑暇因慶推賞或疑無名孰知養之之優益由責之之重鎮靖吏士折衝蠻夷苟誠能之尚有大者往服成命毋復固辭所請宜不許仍斷來章

省表具之朕三歲親祠百群來助因上穹之降福靡好爵以廣恩非獨爾私尚將何避若失閫外之寄師中之權朕既不以私假亦宜以功受祿今此成命其勿固辭所請宜不允仍斷來章

中書侍郎劉摯免恩命不許不允批答二首

覽表具之吾雙日而朝勤勞政事四歲之久庶幾成功幸斯民之

小康見合宫之再享豈伊寡德實賴群公苟天下之信安夫何賞之不可大賚之慶胡以辭爲所請宜不許仍斷來章

省表具之朕歷三歲以親祠罄四海之來祭雖祖考之德足以致此而左右之助豈其無人卿夙夜在公直諒不倚成我熙事爾勞居多惠澤之均率由舊典已行之命其罔固辭所請宜不允仍斷來章

尚書右丞許將免恩命不許不允批荅二首

覽表具之祭有大澤惠及庶工自通籍之臣莫不指日而待卿位在丞轄手執祀綱辭而不居衆或未喻夠成命之不反宜勉受

以勿違所請宜不許仍斷來章

省表具之朕祗見昊穹嚴奉文考卿蚤以儒術用於先朝藎圖任
有求舊之心而顯相有逮事之感實先多士推霈渥恩其勿固辭
往服成命所請宜不允仍斷來章

文彥博致仕免兩鎮不許不允批答二首

覽表具之凡自一命告老于朝考之舊章必加以爵蓋所以敦始
終之義礪廉退之風國之故常吾敢失墜卿自 祖宗之世兼將
相之權得謝 神考之朝既履師臣之貴老而復起功成告歸豈
以上公之尊不如命士之寵兼鎮之重故事可推雖曰非常之恩

孰是元臣之比勉膺成命毋煩固辭所請宜不許

省表具之朕越自沖年嗣承大統念昔師臣之美起卿謝事之餘父老在朝國勢增重誨言時至典學日新方當問道之秋遽聞歸老之告嚭之不可爵之無加推考舊章以錫成命固有餘而戒得雖嘉乃心念不足以報功亦伸朕志所請宜不允

韓忠彥免同知樞密院不許不允批答二首

覽表具之吾以二三大臣分領兵政庶務雖職之煩簡或異而事之緩急畧殊然而屬任惟均出入無間卿既與聞國論豈不明吾此心安有總轄中臺則足以參幾微之決至於議論西府則不能

處軍旅之宜尙體眷懷毋復謙請所請宜不許仍斷來章

省表具之惟乃先正歷事累朝經國論道有賢相之規治兵禦戎得名將之略風績猶在子孫不忘今朕舉以試卿意卿得其遺意勉膺成命其勿煩請上可以幹國之蠱下可以信父之志所請宜不允仍斷來章

蘇頌免尙書左丞不許不允批答二首

覽表具之國方治安典章文物可以御世朝有耆老風采議論足以服人吾以卿夙守名節練達故事舉而用之豈苟而已勉起就職毋廢成命所請宜不許仍斷來章

省表具之朕若稽古訓況於祖宗之法何所不考思得良士達於今昔之故明以來詔以卿立朝滋久稱道不亂擢寘綱轄之地以爲先後之寄明體兹意毋復來請宜不允仍斷來章

呂大防等乞御正殿復常膳四表之一不許不允批答﹝二﹞

覽表具之吾勉而臨政志切爲仁凡克己以濟民皆力行而不悔矧今久旱傷稼憂在阻饑豈以非食逾旬指爲難事而卿等因是徽澤率然上章雖嘉乃誠殊匪吾意夫旱災之後荒政之所備者尚煩秋種雖生終歲之可虞者非一與其君臣釋然而忘患孰若上下相儆以圖安姑存降食之文以示畏天之實所請宜不許

省表具之歷時不雨天之告戒已深因旱責躬朕之誠意未怠今雖小雨纔至而二麥已傷饑饉有已見之形禾黍無必穫之理卿等遽陳誠請求復故常朕仰畏天威下念民瘼深愧治朝之盛未知肉味之甘矧復 神母愛民憂心如罪朕獨何意遽舉舊章須歲事之有成與天意而皆復所請宜不允

第二表不許不允批答二首

覽表具之吾性本素儉居不求豐時方旱災懼若無措是用側身念咎貶食以祈上將答於天心下以慰於民望今者膏澤既至黍稷可期此則上帝仁愛之深斯民鰥寡之幸在吾祗懼何敢弭忘

卿等備位股肱亮此誠意豈可因風雨之微愆忽陰陽之久愆方歲事之多虞姑復少祓荷民食之旣足吾亦何辭所請宜不許仍斷來章

省表具之朕獲守丕基未習師保之訓不有善政以干陰陽之和去冬以來時雨弗若譴告之久遠今半歲有餘戒懼之誠豈以一雨而足永惟會朝之禮百辟具來膳飮之常庶珍咸在方斯民之未裕匪朕意之所存卿等寄在腹心志同憂樂奉我以黼扆之盛不若處我於無過之中厚我以玉食之華不若助我以兼濟之善所請宜不允仍斷來章

第三表不許不允批答二首

覽表具之乃者雩而得雨牟麥既傷田雖可耕禾黍猶病吾惟農夫之不易歲事之多艱未忘戒懼之誠不遑口體之養今者時雨既至秋稼稍蘇卿等遽與庶官求信前請吾將推先王菲食之意以綏斯民豐歲之祈行之雖久而不謂勞卿其姑止以成吾志所請宜不許

省表具之朕庶政不明常暘爲譴奔走祠望降黜典常亦既逾時僅而獲雨永惟天意之難復民食之未充庶幾終歲之登戒未免茲心之怵惕虛治朝之列位損內饔之常羞於朕心猶曰未安而

卿等遽以爲請昔成湯自省以六事楚莊常懼於無災朕旣嘉前王之小心豈以一雨而遂懈所請宜不允

第四表許允批答二首

覽表具之吾聞天之降異本以仁愛人君君知畏天乃克保有邦國故旱雖傷稼而恐懼修政則變或可消雨雖應祈而怠忽忘災則歲未可必頃者膏澤薦至羣言上聞吾夙興念此降食如故今勤請繼至屢卻弗回惟衆意之不可重違故事之不可終廢膳羞之設雖勉強以復常脩省之心終頃刻而不去尚賴多士同致此誠所請宜許

皆表具之畏天卹民本朕躬平日之志避殿損膳抑祀宗故事之
常乃若亢陽爲災甘澤未遍朕祗率舊典以行本心茲因廣言之
勤審知時雨之足苟無憂於民食豈必廢於邦常朕既用僉言正
坐食珍不改國朝之舊卿等亦廣吾意脩政謹備嘗若水旱之來
所請宜允

書九首

皇帝明堂宿齋第一次問太皇太后聖體發書

太皇太后致書于皇帝祗事總章昭誠齋宿上承天以報本內嚴
文以顯親克愼多儀永膺繁祉

皇太后答書

皇太后致書於皇帝國有舊章禮嚴宗祀祓齋殿幄之祕和調玉食之精益慎孝思以逆純嘏

皇太妃答書

皇太妃致書于皇帝齋居外朝躬承大祀穆然重屋之邃煥乎右坐之嚴祗率舊章以承天貺

第二次太皇太后答書

太皇太后致書于皇帝祀嚴三歲卜告中辛既結佩以齋心將奠玉而致享克勤陟降以接明靈

皇太后答書

皇太后致書于皇帝講禮合宮祗覗上帝將儀式於文考以敎孝於諸侯尚愼威儀以承佑享

皇太妃答書

皇太妃致書于皇帝上帝降衷文考升侑精誠盡於齋宿進退比於樂文罔有告勞以須降福

皇帝謝禮畢太皇太后答書

太皇太后致書于皇帝奉承天休纘嗣先烈四及季秋之吉再歀合宮之嚴禮成不違神貺昭答益懋仁孝之本以格天人之和

皇太后答書

皇太后致書于皇帝秋物豐成克致粢盛之奉羣心祗若式觀職貢之來內盡純誠外殫庶物遂擧多儀之盛何慚累聖之隆降福孔多克勤無斁

皇太妃答書

皇太妃致書于皇帝絜齋居外有夙夜之勤旋辟致恭盡禮樂之變仰以報功於上帝俛以祈福於斯民及此休成蓋亦勞止永膺福祚以保家邦

祝文十二首

北京南開二股河祭河瀆星辰祝文

維年月日嗣天子名謹遣某官某敢昭告于尾宿星乃者暑雨過常河流東溢因有司之來告請以時而決疏兵役暴興冀明靈之垂祐民心苟利幸開塞之協宜尚饗

景靈宮安鐵水窗祝文

維年月日皇帝遣某官某致祭于里域眞官伏以靈宇邃嚴周渠捍密有司繕敝以時易新既命涓辰敢告經始尚饗

後苑祈晴祝文

維年月日皇帝遣某官某請僧三七人於後苑華景亭開啟祈晴

道場伏以秋稼方登淫雨作沴剋合宮之大禮迫季月之近期塗潦爲憂寢食幾廢仰祈法力之勝時斂積雨之祥開示秋暘以成歲事下慰勤農之念上全享帝之誠謹言

太廟整漏繕治祭奏告宣祖皇帝祝文

維年月日孝曾孫嗣皇帝臣名謹遣某官臣某敢昭告於宣祖昭武睿聖皇帝伏以廟室久安霖雨乘隙飭工繕治選日告虔棟宇益堅威靈無斁尙饗

後苑粉壇祈雨祝文

維年月日皇帝遣某官某請僧三七人於後苑華景亭開啟粉壇

祈雨道場伏以自冬常暘涉夏未雨四方千里二麥一空惕焉不德之慙貽我烝民之病爰假佛乘之妙力大啟天竺之淨壇庶使鍾梵卽交作雲雷於清晝膏澤普潤復禾黍於有秋豈獨微衷之私實亦衆志之願謹言

五岳四瀆祈雨祝文

維年月日皇帝名謹遣某官某敢昭薦於某神伏以君德不修天澤弗應自冬涉夏困於常暘失麥與禾何以卒歲率土之廣匪神孰依雖或政令之失宜嗟彼烝庶之何罪尚祈甘雨克昇豐年衆之所同神罔終棄尚饗

謝雨祝文

維年月日皇帝　名　謹遣某官某敢昭告于東嶽天齊仁聖帝伏以自冬歷春雨雪弗效由近及遠麥禾可憂懼成凶年病我赤子神明昭答膏澤普加力回大旱之餘卒致有秋之喜不腆之薦誠意斯存尚饗

鳳翔府太平宮修殿告遷太宗眞宗神御祝文

維年月日孝曾孫嗣皇帝臣　名　謹遣某敢昭告于　太宗皇帝伏以終南積高神明是宅仙廟夙設容御攸存屬當圖新敢告遷寓少祈安妥旋復故常尚饗

奏告五星祈雨祝文

維年月日嗣天子 名 謹遣某官某敢昭告于東方歲星伏以膏澤不時咎在邦政烝庶何罪橫罹深災惟神聰明寔司造化尚需甘雨卒成豐年衆所共祈神豈弗答尚饗

天地社稷宗廟謝雨祝文

維年月日嗣天子臣 名 謹遣具官臣劉摯敢昭賽于昊天上帝伏以旱始於冬牟麥既病勢延於夏禾黍亦傷憂心如焚靡神不舉雖責躬而何益賴靈德之好生甘澤霶流羣槁復作民有望於登粥國無廢於粢盛仰止鴻私莫知所報尚饗

神廟寺觀謝雨祝文

維年月日皇帝遣某官某敢昭賽于某神伏以民以食爲生神以民爲主亢陽爲厲顧多匪德之慚靈雨旣周終賴無私之施釋三農之憔悴復九穀於登成利澤無窮恩德何報尚饗

岳瀆謝雨祝文

維年月日皇帝 名 謹遣某官某敢昭賽于某神乃者歲方常暘民旣艱食賑倉廩而何救殫雩禜而莫聞雖懷閔雨之誠顧乏應天之實是以並走羣望靡神不宗神惟不終棄民國亦因以受賜油雲屢作甘雨俄均禾黍復生穮蔉可執民旣勤止朝夕耘耔之間

神錫相之時節風雨之至尚饗

青詞十二首

福寧殿開啟明堂預告道場青詞

維年月日嗣天子臣名請女道士二七人於福寧殿開啟明堂道場一月罷散日設醮一座一百二十分位謹上啟元始天尊太上道君太上老君混元上德皇帝伏以嗣守丕業于今四年躬祀總章方期再見講曾之舊當先事于泮宮稽國之常亦豫祈于中禁祓除祕殿祗竢真游降福儲祥望璇霄而非遠奉珪賁幣冀釐事之有成無任懇倒之至謹詞

罷散青詞

維年月日嗣天子臣名請女道士二七人於福寧殿罷散明堂道場設醮一座一百二十分位謹上啟元始天尊太上道君太上老君混元上德皇帝伏以將欵合宮祗見上帝遵道家之祕籙先祓不祥企眞馭於太虛罔違誠悃錫茲祉福界我休成無任懇倒之至謹詞

北京南開二股河道場青詞

維年月日嗣天子臣名謹遣某官某請道士二七人爲開二股河開啟道場七晝夜罷散日設醮一座一百二十分位謹上啟元始

天尊太上道君太上老君混元上德皇帝伏以大河西行已見歷年之久漲水東溢疑還故道之流兵役旣興民力重困顧河朔災傷之未復惟天心惻怛以無私式遏橫流少安北道無任懇倒之至謹詞

中太一宮祈晴青詞

維年月日嗣天子臣名謹遣某官某請道士三七人於太一宮眞室殿開啓祈晴道場謹上啓元始天尊太上道君太上老君混元上德皇帝伏以多稼如雲淫雨若注勢逾三日害及百嘉永惟刑政之失中顧念蒼黔之何罪矧復宗祀有日百執致功泥潦塞塗

中外告病仰惟眞聖之妙實司陰陽之權廓清繁雲煥發朝日屈伸俄頃變化無方使民獲收斂之功而國遂齋祠之禮永誓霄極祇薦勤誠無任懇倒之至謹詞

明堂禮畢福寧殿道場青詞

維年月日嗣天子臣名請文道士二七人於福寧殿開啟明堂禮畢道場一七日罷散日設醮一座一百二十分位謹上啟元始天尊太上道君太上老君混元上德皇帝伏以因聽政之堂脩饗帝之祀陟配文考大賚四方禮成不違神貺昭答念非寡德之致顧依妙道之餘祇祓禁塗遠逆迎眞馭誠心上達微供獲陳無任懇倒

之至謹詞

罷散青詞

維年月日嗣天子臣名請女道士二七人於福寧殿罷散明堂禮畢道場設醮一座一百二十分位謹上啟元始天尊太上道君太上老君混元上德皇帝伏以饗帝合宮獲成嚴父之志薦誠祕殿復陳終事之儀靈科既脩真貺斯格肅然神光之下恍然誠意之通明德甚微愧天心之博應神功莫測保邦祚於無疆

景靈宮預告雅飾聖祖青詞

伏以威神在天像設有位稍經歲月寖失光儀輒因靈科以告增

飾無任懇倒之至謹詞

裝飾聖祖御容青詞

伏以眞聖所依宜極華煥歲月旣久必有增嚴玆因卜日之良敢
告飾工之始無任懇倒之至謹詞

雅飾了畢開啓奉安聖祖眞容道場青詞

伏以靈德常新威顏有耀儼若斯民之望怳然眞馭之臨肇自殊
庭即安珍館稽首延佇降福無疆無任懇倒之至謹詞

西岳謝雨青詞

伏以靈雨愆期農民驚顧精禱旣格神應不違牟麥復存禾黍可

望永惟千里之澤豈獨一人之私尚紓降休迄有豐歲無任懇悃之至謹詞

中太一宮祈雨青詞二首

伏以冬雪不效春雨過期雲族屢興風灾輒至牟麥旣病秋種未入嗟民何罪籲天不聞惟側身念咎之誠不敢自赦而絜齋祈福之舊亦莫少愆庶見膏澤之滂流尚卹饑民之粒食懇禱斯極眞聖所臨無任

其二

伏以常暘爲虐夏巳及中精禱未孚雨不逾尺麥雖粗入未足充

八口之飢禾則始生猶當踰三月之澤人謀竭矣天意謂何惟至道之精微運元化於俄頃慈閔眾庶覆護邦家召呼風雲廣施千里之潤勃興黍稷終致百室之盈永與斯民同仰靈德無任懇惻之至謹詞

朱表七首

福寧殿罷散明堂預告道場朱表

臣名言絜誠致享近在外朝先事告誠祇被中禁企聖真於璇極嚴科式於靈場怳惚攸通福祥來暨冀奠玉而神享迄升烟而禮成終始莫違上下蒙慶臣無任

北京開二股河罷散道場朱表

臣名言秋水洊至河流灌溢于北都之南疑有東行之漸亟與兵役永念民勞仰祈幽贊之功式遏橫流之勢浮議一定疲俗再安覩洪造之無私庶微衷之不昧臣無任

明堂禮畢福寧殿罷散道場朱表 奏告表本

臣名言親祠之重每三歲而後成陟配之隆及中辛而既舉顧菲薄之而何有賴真聖以爲依祗按靈科絜齋祕殿仰遊降格神貺普存上保邦家之休下祈民物之定眇然微悃過此何求臣無任

景靈宮奏告雅飾聖祖罷散道場朱表

臣名言於赫皇祖敷佑下民眷眞宇之靚深儼粹容之肅穆雖道存不變而體有從新旣祗薦於科儀期永安於像設臣無任

景靈宮奉安聖祖眞宗御容罷散道場朱表

臣名言眞源久遠福千世以無疆邃宇穆淸延萬靈之景從肇新遺像祗薦薄誠庶資法會之功敷錫烝民之祉臣無任

西嶽罷散謝雨道場朱表

臣名言歷時不雨千里同憂顧民何知惟帝是賴精禱旣應多稼獲存饘粥之餘倉庾攸實俯憑道供少答神休臣無任

諸宮觀罷散謝雨道場朱表

臣名言生靈多罪丁旱暵以知窮眞聖至仁視疾苦而能救不厭
屢請之瀆溥施甘澤之恩未忝復生困倉可望仰企霄漢莫報恩
私臣無任

表五首

泥飾諸陵神臺奏告表

臣名言伏以威神如在陵寢無疆風雨侵尋塗丹脫落時加新飾
以謹故封敢因良辰式告安宅臣無任

泥飾永裕陵神臺等奏告表

臣名言伏以陵臺鞏固殿宼峻嚴雨澤浸淫丹粉墮落恭擇良日

以命衆工彩飾再完威神不𣻢臣無任

明堂禮畢内中奏謝諸佛表

伏以躬薦徵誠克終大典致周公嚴父之志達聖人享帝之能顧菲薄之何功賴儒員之垂佑歸依靡極荷戴不忘

露香表

伏以大享告成舊章不墜祗答昊穹之貺升侑文考之靈精意潛通多福薦至敢因清夜躬薦薄誠

永裕陵漆脩屋宇奏告表

臣名言伏以宫寢崇深廊廡缺圮敢涓良日祗命衆工庶復從新

以資永固臣無任

欒城集卷之三十三 終